Édition : BoD · Books on Demand, 31 avenue Saint-Rémy, 57600 Forbach, bod@bod.fr
Impression : Libri Plureos GmbH, Friedensallee 273, 22763 Hamburg (Allemagne)

ISBN : 978-2-8106-2151-4
Dépôt légal : février 2025

Table des matières

AVERTISSEMENT

Ces Notes à l'intention des Pilotes ont bien évidement été traduites uniquement pour leur intérêt historique et ne doivent en aucun cas être employées pour le vol sur de vrais avions (pour les rares lecteurs qui ont la chance de posséder un Halifax, un Hamilcar ou autres Spitfire dans leur jardin !). Ces manuels étaient constamment tenus à jour et il a fallu choisir de traduire une version particulière qui n'est quasiment jamais la publication la plus récente. La version traduite est donc une sorte de "photographie" dans le temps. Souvent, le choix de la version a été imposé par le peu de documentation ayant survécu ou par l'histoire particulière d'un avion.

Par contre, l'usage de ces manuels avec des simulateurs de vol peut permettre de vérifier le réalisme des logiciels et apporter une nouvelle dimension à cette activité, par exemple en suivant strictement les procédures recommandées.

INTRODUCTION

Les lecteurs intéressés trouveront les conventions de traduction ainsi que l'histoire des manuels à l'intention des Pilotes dans **l'ouvrage de cette série consacré au Tiger Moth** : la plupart des pilotes formés pendant la guerre ayant débuté sur cet avion, il a paru logique qu'il serve de base pour cette série de manuels.

Abréviations principales

AP : Air Publication (Publication *[du Ministère]* de l'Air britannique).
PN : Pilot's Notes (Notes à l'intention des Pilotes).
RAF : Royal Air Force.   FAA : Fleet Air Arm (Aéronavale britannique).

Compléments sur le Curtiss P-40

Le tableau ci-dessous résume les différentes versions du P-40 utilisées par la RAF pendant la Seconde Guerre Mondiale, avec les différentes appellations :

Curtiss	RAF		USAAC (puis USAAF)		Moteur
		I		P-40 et P-40G	
H-81A	Tomahawk	IIA		P-40B	Allison V-1710-C
		IIB		P-40C	
		I		P-40D	
		IA	Warhawk	P-40E	Allison V-1710-F
H-87	Kittyhawk	II		P-40F et L	Packard Merlin V-1650
		III		P-40K et M	
		IV		P-40N	Allison V-1710-F

La RAF a commencé la guerre sans disposer d'un véritable avion d'attaque au sol. Pendant la bataille de France, elle a subi de lourdes pertes lorsqu'elle a utilisé, sans escorte de chasse, des bombardiers Fairey Battle ou Bristol Blenheim pour des missions tactiques sur le champ de bataille.

En Afrique du Nord, les Tomahawk et les Kittyhawk de la Desert Air Force (puis 1ère Force Aérienne Tactique), ainsi que les Hawker Hurricane, ont été modifiés pour être employés en tant que chasseurs-bombardiers. Leurs succès croissants dans les missions d'interdiction et d'appui-feu ont forgé une doctrine d'emploi qui a ensuite été déclinée par plusieurs nouvelles Forces Aériennes Tactiques, que ce soit en Europe pour l'invasion en Normandie, ou en Asie du Sud-Est. [1]

---

[1] Pour plus de détails, on se reportera à la bibliographie.

Le prêt-bail et la Royal Air Force

<u>Financement et sort des P-40 de la RAF</u> : Le tableau ci-dessous montre, dans sa partie supérieure l'origine des 3.521 Curtiss P-40 pris en compte par les Britanniques, et dans sa partie inférieure leur allocation aux différents théâtres d'opération : [2]

	Tomahawk I, IA & IIB	Kittyhawk				
		I & IA	II	III	IV	TOTAL
Commande française reversée à la RAF	100	-	-	-	-	**100**
Achat BAC	980	560	-	-	-	**1.540**
Prêt-bail	10	432	250	603	586	**1.881**
Détruits aux USA	-	2	-	-	-	**2**
Coulés	54	35	21	5	15	**130**
Livrés Royaume-Uni	461	12	2	-	1	**476**
Livrés Canada	-	72	-	-	-	**72**
Livrés MED	516	676	148	423	385	**2.148**
Livrés Australie	-	126	-	-	-	**126**
Livrés Afrique du Sud	-	22	-	4	55	**81**
Livrés Nouvelle Zélande	-	44	-	-	-	**44**
Reversés USAAF	-	3	-	-	-	**3**
Reversés à la France (MED)	-	-	79	1	-	**80**
Envoyés en URSS	59	-	-	170	130	**359**

On constate que 47% de ces avions ont été payés par la Commission d'Achats Britannique aux USA (BAC) (ou par la France et reversés à la RAF après juin 1940), et l'autre moitié a été financée par la loi prêt-bail américaine signée en mars 1941. Ces appareils ont majoritairement été utilisés sur le théâtre Méditerranéen (abrégé MED ci-dessus), y compris 80 avions reversés aux unités françaises d'Afrique du Nord dès novembre 1942 (notamment au Groupe de Chasse 2/5 La Fayette). Un peu plus de 10% des P-40 britanniques ont été envoyés à l'allié soviétique. On note aussi que 130 P-40 ont été coulés durant leur transport maritime vers l'Afrique ou l'Australie, ce qui peut sembler peu (3,7% du total), mais ces avions auraient permis d'équiper quelques escadrons supplémentaires.

<u>Origine de la loi prêt-bail de mars 1941</u> : Durant les années 1930, la population et les médias des États-Unis sont majoritairement isolationnistes. Plusieurs textes réglementaires, dits "lois de neutralité" sont votés entre 1935 et 1939, interdisant la vente d'armes à des pays en guerre. En septembre 1939, la guerre met un coup

---

[2]   Pages 108 à 118 du livre de K. J. Meekcoms (voir bibliographie).

d'arrêt aux exportations d'armes à destination des belligérants. [3] Le 4 novembre le Président américain Franklin D. Roosevelt élargit la clause "Cash & carry" (que l'on peut traduire par *"Payez comptant et transportez vous-même les marchandises"*) aux armes. Les exports de matériels sur des navires français ou britanniques peuvent reprendre, mais il est interdit aux pilotes des nations belligérantes de piloter un avion aux USA, et les pilotes américains n'ont pas le droit d'entrer dans un pays en guerre (comme le Canada). Cet imbroglio administratif conduit à des scènes surréalistes avec des avions tractés par des chevaux pour franchir la frontière entre les USA et le Canada. [4] Ceci est assoupli au printemps 1940, mais le Royaume-Uni commence à être à court de liquidités pour financer ses achats.

Une fois les élections présidentielles de novembre 1940 gagnées, Roosevelt a eu les mains libres pour faire passer une loi permettant *"de prêter ou de louer du matériel militaire à toute nation jugée vitale pour la défense des États-Unis."* Le tableau ci-dessous détaille par catégorie les quelques 33.000 avions fournis aux Britanniques dans ce cadre entre mars 1941 et août 1945 : [5]

Bombardiers lourds	2.302	Planeurs	746
Bombardiers moyens	1.420	Aéronavale	5.445
Bombardiers légers	3.697	Hydravions	323
Formation avancé	3.467	Chasseurs	9.657
Formation élémentaire	1.889	Hélicoptères	79
Avions légers	143	Transports	3.470

Il faut ajouter près de 10.000 appareils américains achetés avant la création du prêt-bail, un peu plus de 3.000 avions financés par les prêts du dispositif d'Aide Mutuelle du gouvernement canadien, et environ 250 appareils transférés de l'USAAF à la RAF sur les divers théâtres de guerre.

Le tableau présenté ci-dessus n'est que la partie émergée de l'iceberg : rien que pour le matériel aéronautique, le prêt-bail incluait aussi des moteurs d'avions, des groupes électrogènes, des radars, des munitions, des bombes, des radios, etc.. Le prêt-bail à été étendu à bien d'autres pays comme la Chine, l'URSS ou la France.

Ces matériels étant prêtés pour la durée de la guerre, des milliers d'avions de la RAF ou de la FAA ont été rendus en 1945 à l'USAAF sur des bases en Europe (où ils ont été découpés au chalumeau, ne présentant aucun intérêt justifiant leur retour aux USA), ou ont tout simplement été balancés à la mer du pont des porte-avions.

---

[3]   Proclamation du Président des États-Unis du 5 septembre 1939, document 729 des *"Foreign Relations of the United States Diplomatic Papers, 1939, General, Volume I"*.

[4]   Articles *"Horses on the Payroll"* de J. E. (Jerry) Vernon, RCAF Journal, printemps 2016 - Volume 5, n°2 ; et *"Borderline Neutrality : The Transport of Military Aircraft Near Pembina, North Dakota, 1940"*, de Terry L. Shoptaugh. 1993. North Dakota History: Journal of the Northern Plains n°60.2: 2-13.

[5]   Données du rapport *"Quantities of Lend-Lease Shipments"* publié le Chief of Finance du War Department, décembre 1946 et du livre de K. J. Meekcoms. Ces chiffres doivent être considérés comme des ordres de grandeur.

NOTES POUR LES PILOTES DE
TOMAHAWK I & II

MOTEUR ALLISON V-1710-C15

NOTES AUX UTILISATEURS OFFICIELS

Les ordres du Ministère de l'Air et les livrets Vol. II tels que publiés de temps à autre peuvent avoir un impact sur le contenu de la présente publication. Il doit être compris que les révisions ne sont pas toujours publiées pour aligner la présente publication avec les ordres ou livrets et il est de la responsabilité des détenteurs de ce livre d'assurer la cohérence nécessaire.

Lorsqu'un ordre ou un livret contredit une portion de la présente publication, une révision sera généralement publiée, mais dans le cas contraire, l'ordre ou le livret fera autorité.

Lorsqu'une révision prend effet, le numéro de la révision concernée sera indiqué en haut de chaque page affectée, et les révisions techniques d'importance seront indiquées par une ligne verticale sur le côté gauche du texte modifié ou ajouté. [6] Les lignes verticales concernant des révisions postérieures ne seront pas reportées. Si une division de ce livret (par exemple un chapitre) est entièrement révisée, ceci sera indiqué dans la page de titre de la division et la ligne verticale ne sera pas employée.

FEUILLE DE RELEVÉ DES RÉVISIONS

L'incorporation d'une révision dans cette publication doit être confirmée par l'insertion du numéro de révision, vos initiales dans la colonne adéquate et la date de mise à jour.

Les détenteurs des Notes à l'intention des Pilotes recevront seulement les listes de modifications applicables aux Généralités, à l'Introduction et aux sections 1 et 2.

Révision N° : [7]	6	7					
Intro.	Réimpression						
Section 1	Réimpression	✓					
Section 2		✓					
Date de mise à jour :	Nov. 1941	Juil. 1942					

---

[6]   Ces marques de révision dans la marge n'ont pas été reproduites pour alléger le texte.

[7]   Ce tableau a été simplifié pour ne pas occuper plusieurs pages.

L'AVION TOMAHAWK

A.P.2013A   P. N.   FRONTISPICE

LISTE DES SECTIONS

(Une table des matières détaillée
apparaît au début de chaque section)

Introduction [8]

Section 1 : Commandes et équipements dans le poste de pilotage.

Section 2 : Notes de manœuvre et de pilotage pour le Pilote.

---

[8] Cette Introduction était manquante dans le document de l'époque et a été ajoutée ici à partir d'une version plus ancienne du Manuel de Maintenance, donc pas forcément entièrement cohérente avec les Sections suivantes. Il n'est pas surprenant que l'introduction ait été retirée à l'été 1942, car à partir de septembre, elle ne figurait plus dans le nouveau format des Notes à l'intention des Pilotes.

INTRODUCTION

1. Le Tomahawk I ou II est un avion monoplace monomoteur monoplan à ailes basses, avec train d'atterrissage rétractable et poste de pilotage clos, motorisé par un Allison V-1710-C15 qui entraine une hélice tractrice Curtiss multi-positions à vitesse constante opérée électriquement. Les dimensions principales sont les suivantes : Envergure : 37 pieds 3,5 pouces *(11,37 m)*. Longueur totale : 31 pieds 8,56 pouces *(9,67 m)*. Hauteur totale avec l'empennage au sol : 9 pieds 7 pouces *(2,92 m)*.

2. <u>Le poste de pilotage</u> est totalement clos. Le pare-brise est en trois parties de verre laminé, et derrière le pare-brise se trouve une section de 1,5 pouces *(3,8 cm)* de verre blindé contre les balles. La verrière transparente coulisse en avant et en arrière pour permettre l'entrée et la sortie. Un dispositif d'ouverture d'urgence est prévu qui permet de ménager une ouverture dans le côté gauche de la verrière coulissante au cas où l'avion se serait retourné sur le dos. La structure derrière le Pilote est suffisamment solide pour résister à un atterrissage sur le dos. Trois plaques de blindage sont installées : une de 7 mm d'épaisseur devant le Pilote du bas du pare-brise au sommet du moteur, une de 7 mm d'épaisseur dans le dos du Pilote, et une de 9 mm d'épaisseur derrière sa tête.

3. <u>Les ailes principales</u> sont en porte-à-faux avec plusieurs longerons. L'aile gauche et l'aile droite sont deux éléments séparés, à revêtement travaillant, [9] qui se rejoignent au niveau de l'axe central de l'avion. Les saumons d'aile sont détachables. Le joint où les deux sections sont connectées peut servir de patin en cas d'atterrissage forcé avec les roues relevées.

<u>Les ailerons</u> sont équilibrés à la fois dynamiquement et aérodynamiquement. Ils sont manœuvrés à l'aide d'un manche à balai conventionnel. Une surface de compensation fixe, ajustable uniquement au sol, est montée sur chacun des ailerons. Les ailerons sont entoilés, sauf au bord d'attaque qui est en métal à revêtement travaillant.

<u>Les volets hypersustentateurs</u> sont du type d'intrados en bord de fuite, s'étendant de l'aileron presque jusqu'à l'axe central de l'avion ; ils fonctionnent hydrauliquement par une pompe électrique ou par une pompe manuelle de secours. Un indicateur sur le tableau de bord montre la position des volets hypersustentateurs en permanence quand l'interrupteur de la batterie est fermé (ON).

---

[9] Dans un revêtement travaillant, l'enveloppe métallique externe contribue à la robustesse de l'ensemble, permettant d'alléger la structure interne. Le Supermarine Spitfire ou l'Armstrong Whitworth Whitley utilisent ce type de revêtement sur toute leur surface, fuselage inclus.

4. <u>Système de refroidissement</u> : L'air qui passe à travers les radiateurs du liquide de refroidissement et de l'huile sort par un conduit commun. Le débit d'air dans ce conduit est réglable par des volets commandés par un levier sur le côté droit du poste de pilotage. Le levier peut être bloqué en position.

5. <u>Mitrailleuses des ailes</u> : Deux mitrailleuses de calibre 0,303 pouces *(7,7 mm)* sont montées dans chaque aile. Les poignées de chargement des mitrailleuses des ailes sont placés dans l'axe central de l'avion sous le tableau de bord. Les boîtes de munitions permettent l'emport de 500 cartouches par mitrailleuse. La gâchette de tir est montée sur le manche à balai.

6. <u>Réservoirs de carburant</u> : Le carburant est emporté dans trois réservoirs : deux au niveau de la jonction des ailes gauche et droite et un dans le fuselage derrière le Pilote. La capacité totale de ces trois réservoirs est de 132,6 gallons impériaux *(603 litres)* (voir le diagramme du circuit de carburant). Tous les réservoirs de carburant ont un revêtement "Superflexit". [10]

    <u>Réservoir d'huile</u> : L'huile est emportée dans un réservoir de 12,7 gallons impériaux *(58 litres)* monté dans le fuselage derrière et au-dessus du réservoir de carburant du fuselage. Il faut avoir au moins un tiers de la capacité maximale d'huile pour pouvoir exécuter une montée à un angle jusqu'à 60° et un piqué jusqu'à 90°. Le réservoir doit être re-rempli à une capacité de service maximum de 9,6 gallons impériaux *(54 litres)*.

    <u>Réservoir de liquide de refroidissement</u> : Le réservoir d'expansion du liquide de refroidissement est placé à l'avant de la cloison pare-feu et a une capacité de 2 gallons impériaux *(9 litres)*.

7. <u>Le fuselage</u> est semi-monocoque, à revêtement travaillant, et se termine à l'avant par le bâti moteur en tubes d'acier soudés et joints en acier forgé. La trappe pour accéder à l'intérieur fuselage est du côté gauche du fuselage près de l'empennage.

8. <u>Mitrailleuses du fuselage</u> : Deux mitrailleuses synchronisées sont montées juste devant le Pilote. Ce sont des mitrailleuses Colt de calibre 0,50 pouces *(12,7 mm)*, qui sont chargées directement à travers une ouverture de chaque côté du tableau de bord. Des compteurs électriques de munitions sont placés près du tableau de bord sur le longeron supérieur. Les mitrailleuses sont commandées électriquement par un circuit alimenté par un commutateur de sélection placé au-dessus du longeron de gauche. La gâchette de tir est placée sur le manche à balai. Les boîtiers de munitions contiennent 380 cartouches par mitrailleuse.

9. <u>Batterie</u> : Une batterie 24 volts, de 34 ampères-heures de capacité, est montée dans l'avion et est accessible par la trappe d'accès au fuselage.

10. <u>Train d'atterrissage</u> : Le train d'atterrissage est équipé d'amortisseurs oléopneumatiques qui se rétractent hydrauliquement en tournant vers

---

[10] Revêtement auto-obturant comportant une couche de caoutchouc non vulcanisé qui réagissait au contact de l'essence pour bloquer toute fuite de petit diamètre.

l'arrière autour d'un pivot au sommet de la jambe. Pendant la rétraction, la jambe de l'atterrisseur tourne de 90° par des engrenages autour de son axe longitudinal, de façon à ce que la roue affleure l'intrados de l'aile. Le train d'atterrissage est verrouillé dans les positions haute et basse par un mécanisme de loquets manœuvrés hydrauliquement. La moitié supérieure de la jambe a des renforts fixés contre les efforts transversaux et longitudinaux, et est attachée à la moitié basse de la jambe par un assemblage en ciseaux pour supporter les efforts de torsion. Le train d'atterrissage est équipé de pneus lisses de 30 pouces *(76 cm)* de diamètre. Les roues disposent de freins hydrauliques. Un indicateur sur le tableau de bord montre la position du train d'atterrissage en permanence quand le coupe-circuit principal de la batterie est fermé (ON).

11. <u>Roulette de queue</u> : L'atterrisseur arrière est composé d'un bloc standard articulé orientable, et d'un pneumatique conducteur d'électricité statique. Le mécanisme de direction se débraye avec un débattement d'environ 35° à partir de l'axe longitudinal, et une fois débrayée la roulette pivote sur 360°. Cet atterrisseur est entièrement rétractable et des portes de carénage le recouvrent complètement en position haute. Un indicateur sur le tableau de bord montre la position de la roulette de queue en permanence quand le coupe-circuit principal de la batterie est fermé (ON).

12. <u>Plans fixes de l'empennage</u> : Les plans fixes horizontaux et la dérive sont de construction métallique et sont fixés au fuselage.

13. <u>Gouvernes</u> : La gouverne de direction et les gouvernes de profondeur sont construites en alliage d'aluminium et sont entoilées. Elles sont équilibrées dynamiquement et sont équipées de surfaces de compensation réglables depuis le poste de pilotage. La gouverne de direction et les gouvernes de profondeur sont manœuvrées par un palonnier et un manche à balai conventionnels.

14. <u>Équipement supplémentaire</u> : En plus de l'armement, l'avion est équipé de fusées sous parachute ; d'un phare d'atterrissage ; d'un dispositif d'identification ; d'un circuit d'oxygène ; d'un coussin de sauvetage ; d'une radio ; d'un rangement pour les cartes ; de bâches pour le moteur et le poste de pilotage ; de feux de navigation et de vol en formation ; et de lampes d'identification et d'éclairage du poste de pilotage (voir la Section 1).

15. <u>Des anneaux d'arrimage</u> sont placés sous les saumons d'ailes et sont marqués "Tie Down". [11]

16. <u>Boîte à outils</u> : Une boîte pour ranger les outils de l'avion et du moteur est placée dans le fuselage. Elle est accessible par la trappe d'accès du fuselage.

17. <u>Trousse de premiers soins</u> : Elle est placée sur le côté gauche du fuselage et est accessible par la trappe d'accès du fuselage.

---

[11] Tie Down = Arrimage.

18. <u>Hélice</u> : L'hélice est du type Curtiss multi-positions et/ou à vitesse constante. L'hélice est réglée électriquement à partir du circuit électrique de l'avion par des balais montés dans un logement, fixé sur le moteur, vers des bagues collectrices installées à l'arrière du moyeu de l'hélice, et de là au moteur de changement de pas.

Des contacteurs électriques automatiques limitent le débattement du pas pour le fonctionnement normal et donnent les réglages de grands pas et de petits pas.

Deux types de commande, sélection manuelle ou automatique, sont disponibles au choix du Pilote. Le passage de l'un à l'autre se fait par un commutateur du panneau de commande de l'hélice (voir la Section 1).

SECTION 1

COMMANDES ET ÉQUIPEMENTS POUR LE PILOTE

---

[12] Cette table des matières était manquante dans le document original et a été ajoutée ici lors de la traduction.

LISTE DES ILLUSTRATIONS

SECTION 1
COMMANDES ET ÉQUIPEMENTS POUR LE PILOTE

INTRODUCTION

1. Le Tomahawk I ou II est un chasseur monoplace monoplan à ailes basses, motorisé par un Allison V-1710-C15 qui entraîne une hélice Curtiss à vitesse constante.

SYSTÈMES PRINCIPAUX

2. <u>Circuit du carburant</u> : Il y a trois réservoirs ; un dans le fuselage derrière le Pilote, et deux sous le plancher du poste de pilotage au niveau de la jonction des ailes gauche et droite. Leurs capacités respectives et les réglages du robinet de carburant (46) sont les suivants : [14]

Réservoir de fuselage ..	47 gallons *(217 litres)*	FUSELAGE
Réservoir d'aile principal..	50 gallons *(232 litres)*	WING
Réservoir d'aile de réserve..	33 gallons *(153 litres)*	RESERVE

La jauge de niveau (5) pour le réservoir de fuselage se trouve sur le tableau de bord et celles pour les réservoirs de la jonction des ailes sont sur le plancher du poste de pilotage, au-dessus de leurs réservoirs respectifs (35 et 83). La pression du carburant est normalement fournie par une pompe entraînée par le moteur, mais une pompe à main (47) est disponible sur le côté gauche du poste de pilotage, en avant du bloc manettes pour être utilisée lors du démarrage du moteur ou en cas de panne de la pompe entraînée par le moteur.

3. <u>Circuit d'huile</u> : L'huile est emportée dans un réservoir d'une capacité de 9,7 gallons Impériaux *(44 litres)* placé dans le fuselage en arrière du poste de pilotage.

4. <u>Système hydraulique</u> : Une pompe hydraulique électrique, commandée par un bouton poussoir (8) au sommet du manche à balai, fournit l'énergie pour le fonctionnement du train d'atterrissage et des volets hypersustentateurs. Une pompe manuelle (29) est également disponible, et est placée à la droite du siège du Pilote. Le levier de sélection du train

---

[13] A.L. : "Amendment List" : Liste de révision(s). Ces listes de révision n'avaient initialement que des numéros, puis celles des Notes à l'intention des Pilotes ont également reçu une lettre pour les distinguer des révisions des manuels de maintenance (Volume I).

[14] Les valeurs en gallons Impériaux étaient arrondies dans le document original. Les valeurs converties en litres ont été alignées avec les chiffres plus précis de la Figure 4.

d'atterrissage (87) et le levier de sélection des volets hypersustentateurs (88) sont à la gauche du siège du Pilote et sont interconnectés de façon à empêcher l'un des leviers d'être relevé pendant que l'autre est abaissé.

5. <u>Circuit électrique</u> : Pour assurer le fonctionnement de tous les appareils électriques le coupe-circuit du générateur (82 ou 82A) et le coupe-circuit de la batterie (85 ou 85A), tous deux sur le panneau de l'installation électrique, doivent être fermés (ON). Ils doivent être ouverts (OFF) avant de quitter le poste de pilotage. Le commutateur des magnétos (50) fait partie du circuit électrique principal et les appareils suivants ne peuvent fonctionner que lorsqu'il est placé sur la position BOTH : relais du démarreur, commande de l'hélice, réchauffage de la sonde Pitot, et voyant d'alarme du liquide de refroidissement. Un ampèremètre (77) est monté sur le panneau de l'installation électrique.

COMMANDES DE VOL

6. <u>Commandes de pilotage principales</u> : Les actions de ces commandes sont conventionnelles. Chaque pédale du palonnier (33 et 42) dispose d'un petit levier de réglage (34 et 38) et peut être placée sur l'une des trois positions disponibles. Le manche à balai (36) porte le bouton de tir (31) des mitrailleuses sur la face avant de la poignée.

7. <u>Instruments de pilotage</u> : Les instruments de pilotage incluent un badin (7), un altimètre (6), un conservateur de cap (9), un variomètre (13) et un indicateur de virage et de dérapage (10). Il n'y a pas d'horizon artificiel.

8. <u>Commandes des surfaces de compensation</u> : Les *[petits]* volants de réglage des compensateurs de profondeur et de direction (56 et 57) sur le côté gauche du poste de pilotage fonctionnent dans le même plan que les surfaces commandées.

9. (i) <u>Commande du train d'atterrissage</u> : Le levier sélecteur (87) peut être déplacé sur les positions UP ou DOWN [15] après avoir enfoncé le bouton de verrouillage ou en tirant vers l'avant le loquet de sécurité pour le libérer de la position NEUTRAL. Quand le levier sélecteur est sur la position requise, la pompe hydraulique est activée en enfonçant le bouton-poussoir sur le manche à balai jusqu'à ce que le train d'atterrissage soit complètement rétracté ou abaissé comme le montre l'indicateur visuel (49). De façon à s'assurer de l'engagement positif des verrous le bouton poussoir doit être conservé enfoncé pendant quelques secondes après avoir vérifié l'indicateur. Comme second moyen de vérification du verrouillage, la pompe à main doit ensuite être activée jusqu'à ce qu'elle offre une grande résistance. Le levier sélecteur peut ensuite être ramené sur NEUTRAL. Ceci doit être fait sans toucher le bouton de verrouillage ou le loquet de sécurité au sommet du levier.

---

[15] Pour correspondre aux Illustrations, le texte n'a pas été traduit ci-dessus : UP = train d'atterrissage rétracté, DOWN = train d'atterrissage abaissé ; NEUTRAL = point mort (de la commande).

Avertissement : Le levier sélecteur doit toujours être ramené sur NEUTRAL après la rétraction ou l'abaissement du train d'atterrissage, et doit toujours être sur cette position lors du décollage ou de l'atterrissage, ou quand l'avion est en stationnement sur ses roues.

(ii) **Indicateur de position du train d'atterrissage et des volets hypersustentateurs** : Un unique indicateur visuel (49) est placé sur le tableau de bord et montre la position des trois roues et des volets hypersustentateurs, du moment que le coupe-circuit de la batterie principale est fermé (ON). Un voyant d'alarme rouge (69 ou 69a) sur le tableau de bord, ou à sa gauche, et un klaxon d'alarme [16] sont tous deux activés automatiquement quand la manette des gaz est presque fermée sauf si le train d'atterrissage est complètement abaissé et verrouillé. Les circuits du voyant et du klaxon sont fermés par un contacteur activé par un levier de déclenchement à ressort (48) sur la tige de transmission de la manette des gaz. Ce levier peut être débrayé temporairement pendant un piqué avec manette des gaz en arrière. Les circuits peuvent être testés par l'interrupteur d'essai (86) sur le panneau de l'installation électrique.

10. **Commande des volets hypersustentateurs** : Les volets hypersustentateurs sont commandés par un levier (88) placé au-dessus et derrière le levier de sélection du train d'atterrissage. Pour relever les volets hypersustentateurs, le levier est déplacé vers l'arrière ; et pour les abaisser, vers l'avant. L'énergie hydraulique est fournie en enfonçant le bouton poussoir sur le manche à balai ou en activant la pompe manuelle. Dès que les volets hypersustentateurs ont atteint la position souhaitée, le levier sélecteur doit être ramené sur NEUTRAL.

11. **Fonctionnement de secours du train d'atterrissage** : Dans le cas d'une panne du circuit électrique, déplacez le levier de sélection sur la position souhaitée, et activez la pompe à main jusqu'à ce que la résistance devienne telle qu'il n'est plus possible de s'en servir. Puis ramenez le levier sélecteur sur NEUTRAL.

12. **Freins des roues** : Les freins sont opérés indépendamment par des pédales au niveau des orteils sur le palonnier. Un levier de stationnement (40) est placé sous le tableau de bord. Pour engager les freins de stationnement, tirez le levier et enfoncez les pédales, puis relâchez la pression sur les pédales avant de libérer le levier. Pour désengager le frein de stationnement, appuyez à fond sur les pédales sans toucher au levier de stationnement.

---

[16] Suite à de nombreux accidents causés par l'oubli du pilote de descendre le train d'atterrissage avant de se poser, les constructeurs ont équipé leurs avions d'un klaxon avertisseur se déclenchant lorsque le train est en position haute et que la manette des gaz est positionnée à une puissance réduite.

COMMANDES DU MOTEUR

13. <u>Manette des gaz</u> :

   (i) Si la régulation automatique de la pression d'admission [17] n'est pas installée, une butée à ressort sur le bloc manettes permet au Pilote de détecter la position de la manette des gaz pour le décollage. En vol la manette des gaz doit être réglée pour obtenir la pression d'admission souhaitée.

   (ii) Si une régulation automatique de la pression d'admission est installée :

   (a) La pression d'admission de décollage sera obtenue avec la manette des gaz ouverte en grand vers l'avant.

   (b) La pression d'admission de montée sera obtenue aux basses altitudes en ramenant la manette des gaz à la butée de montée ; mais en général la manette doit être avancée progressivement pour maintenir la pression d'admission au fur et à mesure que l'altitude augmente.

   (c) En régime de croisière il sera nécessaire de déplacer la manette des gaz si l'on souhaite garder la même pression d'admission à une altitude différente.

   (d) À n'importe quelle altitude, la manette des gaz doit être déplacée complètement vers l'avant pour obtenir la puissance maximale.

14. <u>Commande de mélange</u> : Cette commande (45) est automatique et dispose de quatre positions principales : FULL RICH, AUTO RICH, AUTO LEAN, IDLE CUT OFF. [18] La position FULL RICH doit être utilisée seulement si le système automatique est en panne. AUTO RICH est le réglage normal pour tout vol de croisière rapide, AUTO LEAN est utilisée pour la croisière économique à faible puissance, et IDLE CUT OFF n'est employée que pour le démarrage et l'arrêt du moteur. Entre les réglages AUTO RICH et AUTO LEAN se trouve un espace marqué MANUAL sur lequel la commande peut être placée dans une position intermédiaire pour obtenir une concentration de mélange entre celles données par AUTO RICH et AUTO LEAN.

---

[17] Les avions de combat britanniques étaient presque tous équipés d'un système de régulation automatique de la pression d'admission en fonction de l'altitude. La RAF a généralement installé ce système sur les avions américains monoplaces de combat pour décharger le pilote de cette tâche (voir l'Air Publication 2242 Volume 1 *"Boost Controls for American Aero-Engines"*).

[18] Pour correspondre aux Illustrations, le texte n'a pas été traduit ci-dessus : FULL RICH = Plein riche, AUTO RICH = Riche automatique, AUTO LEAN = Pauvre automatique, IDLE CUT OFF = Étouffoir du ralenti.
L'étouffoir du ralenti permet de couper l'arrivée d'essence du gicleur de ralenti dans le carburateur pour arrêter le moteur : arrêter l'allumage ne suffirait pas puisque le mélange continuerait à être mis à feu lors de la compression par la température élevée des cylindres. Cette commande ferme donc l'orifice du gicleur qui alimente le moteur en carburant pour le régime de marche au ralenti même quand la manette des gaz est fermée.

15. <u>Commande de l'hélice</u> : L'hélice électrique Curtiss peut être soit (a) sous régulation à vitesse constante, [19] soit (b) bloquée sur n'importe quel pas que l'on souhaite. Pour la régulation à vitesse constante (a) ou pour changer le pas fixe (b), le coupe-circuit de la batterie principale (85 ou 85a) et l'interrupteur principal de la commande d'hélice doivent être fermés (ON).

    (a) <u>Fonctionnement à vitesse constante</u> : Avec le commutateur de sélection (68 ou 68a) sur la position AUTO les tours par minute peuvent être réglés tels que désirés en déplaçant la commande de vitesse de l'hélice (44) sur la position des tours par minute souhaités, vers l'avant pour augmenter (INCREASE) la vitesse de rotation, et en arrière pour la diminuer (DECREASE). Les marquages du levier de vitesse sont seulement approximatifs et il faut donc utiliser le compte-tours du moteur (18). Sur certains avions, les fonctions du commutateur de sélection sont divisées entre des interrupteurs séparés qui sont étiquetés de façon à correspondre avec les réglages du commutateur unique.

    (b) <u>Fonctionnement manuel</u> : Avec le commutateur de sélection sur MANUAL, le pas de l'hélice est fixe. Le pas est changé en maintenant le commutateur sur INC. R.P.M. ou sur DEC. R.P.M.[20] jusqu'à ce que la vitesse de rotation souhaitée soit obtenue. Le commutateur revient au centre (MANUAL) lorsqu'il est relâché.

    <u>Note</u> : Les circuits pour le fonctionnement AUTO et MANUAL sont séparés et en cas de panne de l'un, l'autre peut être utilisé. Si le circuit est en surcharge, le coupe-circuit principal disjoncte. Pour refermer le circuit, le coupe-circuit doit d'abord être déplacé sur la position OFF puis remis, seulement après une attente de 30 secondes, sur la position ON.

16. <u>Commande de la prise d'air du carburateur</u> : C'est une poignée à bascule (19) à l'extrême droite au-delà du tableau de bord qui est connectée à un volet au-dessus de la grille entrée d'air du carburateur qui se trouve au sommet du capot moteur. Le réglage du volet permet soit l'admission d'air chaud soit l'admission d'air froid par cette grille, l'air chaud étant pris à l'intérieur du compartiment moteur. Des positions intermédiaires ne doivent pas être utilisées.

17. <u>Commande des volets du radiateur</u> : Le levier (106) qui règle les volets du radiateur est placé du côté droit du poste de pilotage. Il permet l'ouverture ou la fermeture totale des volets, ou leur réglage sur des positions

---

[19] Ce système de régulation garde la vitesse du moteur et de l'hélice constante, à la valeur sélectionnée par le pilote, en modifiant le pas des pales de l'hélice, indépendamment du réglage de la manette des gaz. Ceci réduit la charge de travail du pilote et assure un fonctionnement sans à-coups au moteur notamment lors d'un piqué. En général, le régulateur utilise l'énergie du circuit d'huile mais les hélices Curtiss disposent d'un petit moteur électrique.

[20] INC. R.P.M. = Augmenter les tours par minute, DEC. R.P.M. = Diminuer les tours par minute.

intermédiaires. Quand la température du liquide de refroidissement du moteur est supérieure à 125°C, le voyant d'alarme (11 ou 11a) s'allumera et les volets devront être ouverts. L'interrupteur de test de l'ampoule (51) doit être déplacé vers le haut en entrant dans le poste de pilotage pour vérifier qu'elle fonctionne correctement.

18. <u>Pompes d'amorçage du carburant</u> : Avant d'activer la pompe d'amorçage des cylindres (30) lors du démarrage du moteur, la pompe manuelle de carburant doit être utilisée suffisamment pour que le manomètre du circuit de carburant (2) indique une basse pression.

19. <u>Purge de la tuyauterie du collecteur d'admission</u> : Un petit robinet (27) est monté sur la gauche de la pompe d'amorçage. Il doit être ouvert (ON - levier horizontal) durant environ 30 secondes pendant que le moteur monte en température, de façon à purger tout liquide de la tuyauterie. Il doit être fermé (levier vertical) avant le décollage.

20. <u>Commutateur des magnétos</u> : C'est un petit levier (50) situé à la gauche du tableau de bord. Il dispose de 4 positions : OFF, L.M., R.M., BOTH (se reporter au paragraphe 5). [21]

21. <u>Démarreur à inertie</u> : Une pédale à pied (37) sur le plancher du poste de pilotage est prévue pour le fonctionnement du démarreur électrique à inertie. Sur les avions récents, elle est remplacée par un interrupteur à bascule (37a), sur le panneau de l'installation électrique, qui revient à la position OFF automatiquement. La pédale est poussée à son extrémité basse pour activer l'interrupteur qui alimente le moteur du démarreur à inertie directement à partir de la batterie. Quand le démarreur a atteint une vitesse élevée la pédale est poussée à son extrémité haute pour ouvrir l'interrupteur du démarreur et activer la bobine de démarrage et le relais d'embrayage du démarreur. Les quelques premières impulsions du moteur désengageront automatiquement le démarreur.

22. <u>Mécanisme pour le démarrage manuel</u> : En cas de panne de la batterie, le démarreur à inertie peut être tourné à la main par une manivelle à l'aide d'une rallonge. La manivelle est insérée dans un trou juste derrière le côté droit du capot moteur. Le démarreur est embrayé en tirant la commande du démarrage manuel immédiatement au-dessus du mécanisme de la manivelle.

    <u>Avertissement</u> : La manivelle et la rallonge doivent être retirées avant d'activer la commande du démarrage manuel.

23. <u>Commandes de la dilution de l'huile</u> : [22] Un interrupteur de commande (84) est placé sur le panneau de l'installation électrique.

24. <u>Instruments du moteur</u> : Le thermomètre du carburateur (14) est situé immédiatement au-dessus du manomètre indiquant la pression d'admission (15), et le compte tours du moteur (18) est juste en dessous.

---

[21] OFF = Éteint, L.M. = Magnéto de gauche alimentée, R.M. = Magnéto de droite alimentée, BOTH = Les deux magnétos alimentées.

[22] L'huile est diluée avec du carburant afin de faciliter le démarrage le jour suivant.

L'indicateur combiné (2) de la pression du carburant, de la pression d'huile et de la température d'huile est placé sous la jauge de niveau du réservoir de fuselage (5) et à la gauche de celle-ci se trouve le manomètre du circuit de vide (1). Le thermomètre du liquide de refroidissement (23) est à la droite du compte tour du moteur.

ÉQUIPEMENTS ET CONFORT DU POSTE DE PILOTAGE

25. <u>Réglage du siège du Pilote</u> : Le siège est réglable en hauteur au moyen d'un levier du côté droit du siège. Un tube de soulagement [23] est suspendu sous le dessous du siège.

26. <u>Relâchement du harnais de sécurité</u> : Pour que le Pilote puisse se pencher en avant sans déconnecter son harnais, [24] un levier permettant d'en relâcher la tension est monté, soit à droite, soit à gauche, du siège.

27. <u>Verrière du poste de pilotage</u> : La verrière est du type coulissant. Elle est ouverte ou fermée par la rotation d'une poignée (25) sur le côté droit du poste de pilotage. Elle peut être repoussée à la main de l'extérieur du poste de pilotage après qu'un bouton de déverrouillage ait d'abord été pressé au sommet du pare-brise.

28. <u>Éclairage du poste de pilotage</u> : L'interrupteur de commande (58) et trois variateurs (78, 79 et 80) sont sur le panneau de l'installation électrique. Ces derniers permettent de régler respectivement les lampes d'éclairage du tableau de bord et l'éclairage pour les jauges de niveau des réservoirs de carburant sur le plancher du poste de pilotage, les lampes d'éclairage général du poste de pilotage et le conservateur de cap et le compas. Des ampoules de rechange sont rangées derrière un cache articulé au sommet du tableau de bord. Ce cache est retiré en enfonçant et en tournant les deux boutons (17).

    <u>Note</u> : Il faut faire attention de s'assurer que tous les variateurs sont sur leurs positions extrêmes OFF lorsqu'ils ne sont pas utilisés.

29. <u>Chauffage du poste de pilotage</u> : La commande est une tirette (41) sous le côté gauche du tableau de bord. Elle est poussée pour de l'air froid, et tirée pour de l'air chaud.

30. <u>Circuit d'oxygène</u> : Un régulateur (26) est installé à la droite du tableau de bord. La vanne de commande principale (102) (uniquement sur les premiers avions), et la prise baïonnette (103 ou 103a) sont du côté droit du poste de pilotage.

---

[23] Comprendre "pour uriner".

[24] Le harnais Sutton était standard sur tous les avions de la RAF de construction britannique. Il était composé de deux sangles d'épaules découplées en un double 'Y' et reliées à la fois à un point d'ancrage derrière le bas du siège et par un câble à un point d'amarrage plus en arrière dans le fuselage. La tension du câble était réglable pour donner plus ou moins de liberté au pilote. Les sangles d'épaule se connectaient à deux sangles ventrales. Les avions américains de la RAF étaient souvent modifiés pour recevoir ce type de harnais.

ÉQUIPEMENTS ET COMMANDES POUR LES OPÉRATIONS

31. <u>Commandes des mitrailleuses</u> : Un commutateur de sélection des mitrailleuses (70) est installé sur le côté gauche du poste de pilotage et le bouton de tir (31) est sur la face avant de la poignée du manche à balai.

32. <u>Collimateur à réflexion</u> : [25] La douille (53) sur le côté gauche du poste de pilotage est installée pour la prise d'alimentation du collimateur monté au-dessus du tableau de bord. Sur certains avions un variateur combiné "jour-et-nuit" (52) pour régler la luminosité de l'ampoule dans le viseur peut être utilisé seulement quand l'interrupteur principal (62) sur le panneau de l'installation électrique est fermé (ON). Certains avions disposent de deux variateurs séparés sur le panneau, l'un (52a) pour le jour (HIGH) et l'autre (52b) pour la nuit (LOW). Trois ampoules de rechange sont rangées sur des supports en avant du bloc manettes.

ÉQUIPEMENTS DE NAVIGATION, DE SIGNALISATION ET D'ÉCLAIRAGE

33. <u>Radio</u> : L'avion est équipé d'un émetteur-récepteur combiné, soit de type T.R.9 soit de type T.R.1133A. [26] Si un T.R.9 est installé, une commande mécanique à distance (95) est montée ; si un T.R.1133 est installé, la commande à distance est du type électrique à boutons-poussoir (109). Le coupe-circuit principal de l'installation R.3003 (91 ou 91a), [27] le coupe-circuit principal du poste radio (92 ou 92a) et le coupe-circuit principal du transmetteur radio automatique (93) [28] sont placés sur un panneau immédiatement sous les boutons-poussoir de destruction (90 ou 90a) du R.3003. Le boitier déporté du transmetteur radio automatique (94 ou 94a) est monté du côté droit du poste de pilotage. La prise microphone/écouteurs (104) est montée du côté droit du siège du Pilote.

---

[25] Viseur avec une plaque de verre inclinée devant le pilote sur laquelle l'image collimatée à l'infini d'un cercle avec réticule est projetée (l'ancêtre de l'affichage tête haute). Le pilote peut ajuster la taille du cercle s'il connait l'envergure de l'avion poursuivi, ce qui lui permet d'évaluer grossièrement la distance qui le sépare de sa cible. Le calcul de la déflexion est entièrement fait par le pilote, les premiers viseurs gyroscopiques n'étant introduits en escadrilles qu'en 1941.

[26] Le T.R.9 était une radio à haute fréquence pour les communications à courte portée en radiotéléphonie, en théorie jusqu'à 55 km en air/sol et 8 km en air/air. La version D, réservée aux avions de chasse, était composée de l'émetteur T.1119 et du récepteur R.1120. Elle disposait d'une fréquence pour la radiophonie, et une pour le système de localisation "pip-squeak" (transmetteur radio automatique). Le T.R.1133 était composé de l'émetteur T.1136, du récepteur R.1137 et d'un amplificateur A.1135.

[27] Le R.3003 est un transpondeur IFF (Identification Friend or Foe), un petit transmetteur qui donne une forme caractéristique à l'écho d'un avion ami sur l'écran radar.

[28] Le système de localisation, surnommé "pip-squeak" dans l'argot des pilotes, a été mis en place car les premiers radars britanniques ne permettaient pas de localiser les avions au-dessus des terres ou à basse altitude. Placé sur quelques avions clés (typiquement les chefs de section), il transmettait automatiquement un signal radio pendant 14 secondes toutes les minutes. Trois stations au sol relevaient la direction du signal et la position de l'avion était ensuite déterminée par triangulation. Le système était composé d'une horloge "maître" derrière le pilote, et d'un boitier déporté accessible par le pilote. Quatre avions au plus pouvaient être ainsi localisés sur une fréquence.

34. <u>Pistolet lance-fusées</u> : Le rangement du pistolet (28 ou 28a) est du côté droit du poste de pilotage ou entre les poignées d'armement des mitrailleuses sous le centre du tableau de bord. Les cartouches sont rangées dans des clips de support (89) du côté gauche du poste de pilotage.

35. <u>Feux de navigation et d'identification</u> : Le commutateur deux-voies (61 ou 61a) commandant les feux de navigation se trouve sur le panneau de l'installation électrique. Le commutateur est ouvert (OFF) sur la position centrale, et fermé (ON) sur l'une des deux positions de fonctionnement. L'une de ces positions, équipée d'un ressort de rappel, permet de faire de la signalisation en Morse avec les feux de navigation. Un bouton-poussoir (98 ou 98a) sur le côté droit du poste de pilotage active les deux lampes d'identification. L'interrupteur (98a) est dans le circuit avec un interrupteur OFF-ON de façon à permettre un éclairage continu lorsque cela est nécessaire sur les deux lampes simultanément. Un dispositif *[pyrotechnique]* pour se faire reconnaître est monté sur certains avions et fonctionne à l'aide d'une commande (76) à la droite du siège du Pilote. [29]

36. <u>Phare d'atterrissage</u> : Quand le commutateur deux-voies (81) qui commande le phare d'atterrissage est fermé (ON) sur la position la plus haute, le faisceau sera projeté vers l'avant ; mais quand le commutateur est fermé (ON) sur la position la plus basse, le phare atterrissage est allumé et rétracté *[le faisceau pointant vers le bas]*. Sur la position centrale du commutateur, le phare d'atterrissage est éteint et rétracté.

ÉQUIPEMENT DE DÉGIVRAGE

37. <u>Dégivrage du pare-brise</u> : La pompe et le régulateur (20) sont sur la gauche du tableau de bord. Le liquide dégivrage est pompé du réservoir jusqu'à un gicleur à la base du pare-brise où il est dispersé vers le haut sur le panneau frontal du pare-brise.

38. <u>Interrupteur du réchauffage de la sonde Pitot</u> : Le réchauffage de la sonde Pitot est en fonctionnement quand l'interrupteur (60 ou 60a) se trouvant sur le panneau de l'installation électrique est fermé (ON).

ÉQUIPEMENTS DE SECOURS

39. <u>Extincteur</u> : Celui-ci (101 ou 101a) est du type "portable" et est installé sur le côté droit du poste de pilotage. Sur certains avions il est rangé sur le plancher du poste de pilotage.

40. <u>Sorties en cas d'urgence</u> : Pour faciliter une sortie rapide du poste de pilotage en cas d'urgence, la verrière entière peut être larguée en tirant vers le bas le levier rouge sous le toit à l'extrémité avant de la verrière. Au cas où l'avion s'est renversé au sol sur le dos avec la verrière coulissante fermée, l'activation du même levier permet de pousser vers l'extérieur le panneau gauche de la verrière. Cette sortie peut également être ouverte

---

[29] Ce dispositif permettait de libérer une fusée pour "se faire reconnaître" en montrant la couleur du jour afin d'éviter des tirs fratricides.

24

de l'extérieur du poste de pilotage en tirant en arrière le levier sur le côté gauche à l'arrière de la verrière.

41. <u>Coussin de sauvetage</u> : Sur certains avions, le coussin du dossier du siège du Pilote peut être utilisé comme une aide à la flottaison.

42. <u>Fusées d'atterrissage forcé</u> : La poignée de largage (105) pour ces fusées est du côté droit du poste de pilotage.

43. <u>Trousse de premiers soins</u> : L'équipement de premiers secours est rangé dans le fuselage, en arrière du poste de pilotage, et est accessible en retirant la trappe du côté gauche.

44. <u>Interrupteurs de destruction du R.3003</u> : Se reporter au Paragraphe 33. [30]

MATÉRIEL DE SURVIE EN MILIEU DÉSERTIQUE

45. Quand l'avion est utilisé sous les climats tropicaux l'installation d'équipements fixes et démontables est prévue de la façon suivante :

Réservoir d'eau	(Démontable pour le remplissage) monté sur le support transversal en arrière de la trappe d'accès du fuselage.
Gourde d'eau	(Amovible) dans un support fixé du côté gauche de la trappe d'accès du fuselage.
Rations de vol	Rangées dans un container sanglé à la cloison arrière au-dessus de la trappe d'accès du fuselage. [31]
Container de rations d'urgence	Sanglé sur le côté droit du fuselage en avant de la trappe d'accès.
Fusées de signalisation	Pour l'utilisation avec le pistolet lance-fusées Very [32] (se reporter au paragraphe 34). Rangées dans des supports clips en arrière du container des rations d'urgence.
Bande de signalisation au sol, miroir et trousse d'outils d'urgence	Attachés sur le support transversal en arrière de la trappe d'accès du fuselage.
Filtre à air Vokes	Monté sur l'écope de prise d'air au sommet du capot moteur.

---

[30] Le transpondeur IFF était doté d'une charge de destruction afin d'en éviter la capture. Elle était mise en place par les armuriers juste avant le vol, et enlevée dès l'atterrissage.

[31] Les rations de vol se distinguaient des rations d'urgence par leur durée de conservation. Les rations de vol étaient composées en fonction de la mission et de la durée prévue du vol (par exemple barre de chocolat, bonbons et chewing-gums pour les vols de plus de deux heures ; sandwiches et boissons chaudes pour les très longues missions des bombardiers lourds), les rations d'urgence restaient à bord de l'avion en permanence (souvent avec le canot de sauvetage pour les avions qui en étaient équipés).

[32] Le terme de "Very Pistol" est dérivé du nom de l'inventeur américain, le lieutenant Edward W. Very.

LÉGENDE DE LA FIGURE 1
Vue avant du poste de pilotage

1. Manomètre du circuit de vide
2. Jauge triple (pression du carburant, pression et température de l'huile)
3. Poignée d'armement (mitrailleuse du fuselage gauche)
4. Mitrailleuse du fuselage gauche
5. Jauge du réservoir de carburant de l'arrière du fuselage
6. Altimètre
7. Badin
8. Bouton-poussoir de commande du train d'atterrissage
9. Conservateur de cap
10. Indicateur de virage et de dérapage
11. Voyant d'alarme de la température du liquide de refroidissement (premiers avions)
11a. Idem 11 (avions récents)
12. Compas
13. Variomètre
14. Thermomètre du carburateur
15. Manomètre de la pression d'admission
16. Mitrailleuse du fuselage droit
17. Molette de retenue du tableau de bord
18. Compte-tours du moteur
19. Commande de la prise d'air chaud ou froid du carburateur
20. Régulateur et pompe du liquide de dégivrage du pare-brise
21. Lampe d'éclairage du poste de pilotage
22. Montre
23. Thermomètre du liquide de refroidissement
24. Porte-carte de déviation du compas [33]
25. Poignée de commande de la verrière coulissante
26. Détendeur d'oxygène
27. Robinet de purge du manomètre de la pression d'admission
28. Pistolet lance-fusées et rangement (premiers avions)

---

[33] La carte de déviation du compas permet de noter la différence entre le vrai Nord magnétique et celui qui est affiché par le compas, qui est influencé non seulement par le champ magnétique terrestre mais aussi par la structure de l'aéronef, la proximité d'objets métalliques, de champs magnétiques ou d'équipements électriques. Sur beaucoup de mono ou biplaces de la RAF, le compas était placé entre les jambes du pilote, et les anecdotes ne manquent pas d'appareils qui ont connu des mésaventures de navigation car le pilote avait emporté un poignard ou un pistolet à sa cheville, faisant dévier le compas !

28a. Idem 28 (avions récents)
29. Pompe manuelle hydraulique de secours
30. Pompe d'amorçage des cylindres
31. Gâchette de tir (à l'avant de la poignée)
32. Poignée d'armement (mitrailleuses de l'aile droite)
33. Pédale du palonnier (droite)
34. Poignée d'ajustement de la pédale droite du palonnier
35. Jauge du réservoir de carburant de réserve
36. Manche à balai
37. Pédale de démarrage du moteur (premiers avions)
38. Poignée d'ajustement de la pédale gauche du palonnier
39. Poignée d'armement (mitrailleuses de l'aile gauche)
40. Levier de commande du frein de stationnement
41. Commande du chauffage du poste de pilotage
42. Pédale du palonnier (gauche)
43. Manette des gaz
44. Levier de commande de la vitesse de l'hélice
45. Levier de commande du mélange
46. Robinet de sélection du circuit de carburant
47. Poignée d'activation de la pompe manuelle du carburant
48. Levier du silencieux du klaxon d'alarme du train d'atterrissage
49. Indicateur de position des volets et du train d'atterrissage
50. Commutateur de sélection des magnétos
51. Interrupteur d'essai du voyant d'alarme de la température du liquide
    de refroidissement
52. Variateur de l'ampoule du viseur à réflexion (premiers avions)
52a. Idem 52 (avions récents)
53. Douille d'alimentation du viseur à réflexion
69. Voyant d'alarme du train d'atterrissage (premiers avions)
69a. Idem 69 (avions récents)
94. Boitier déporté du transmetteur radio automatique (premiers avions)
94a. Idem 94 (avions récents)

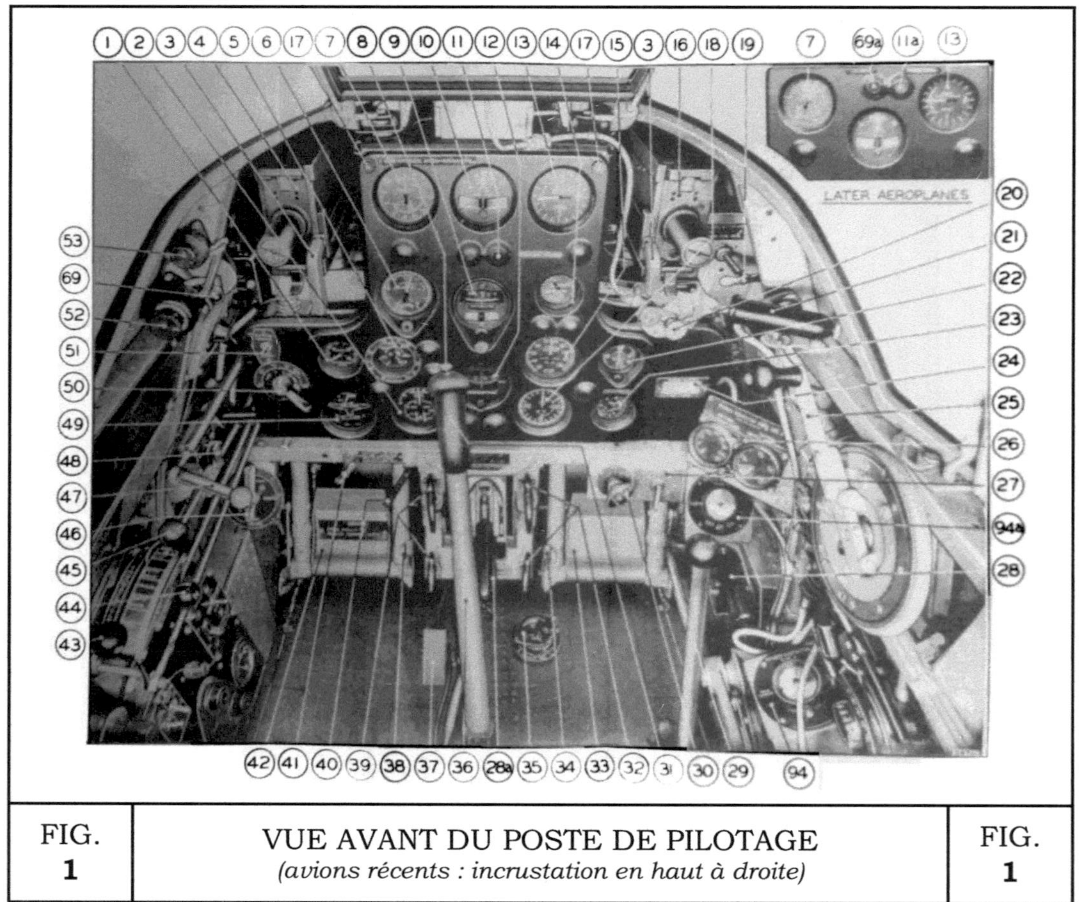

FIG. 1

VUE AVANT DU POSTE DE PILOTAGE
(avions récents : incrustation en haut à droite)

FIG. 1

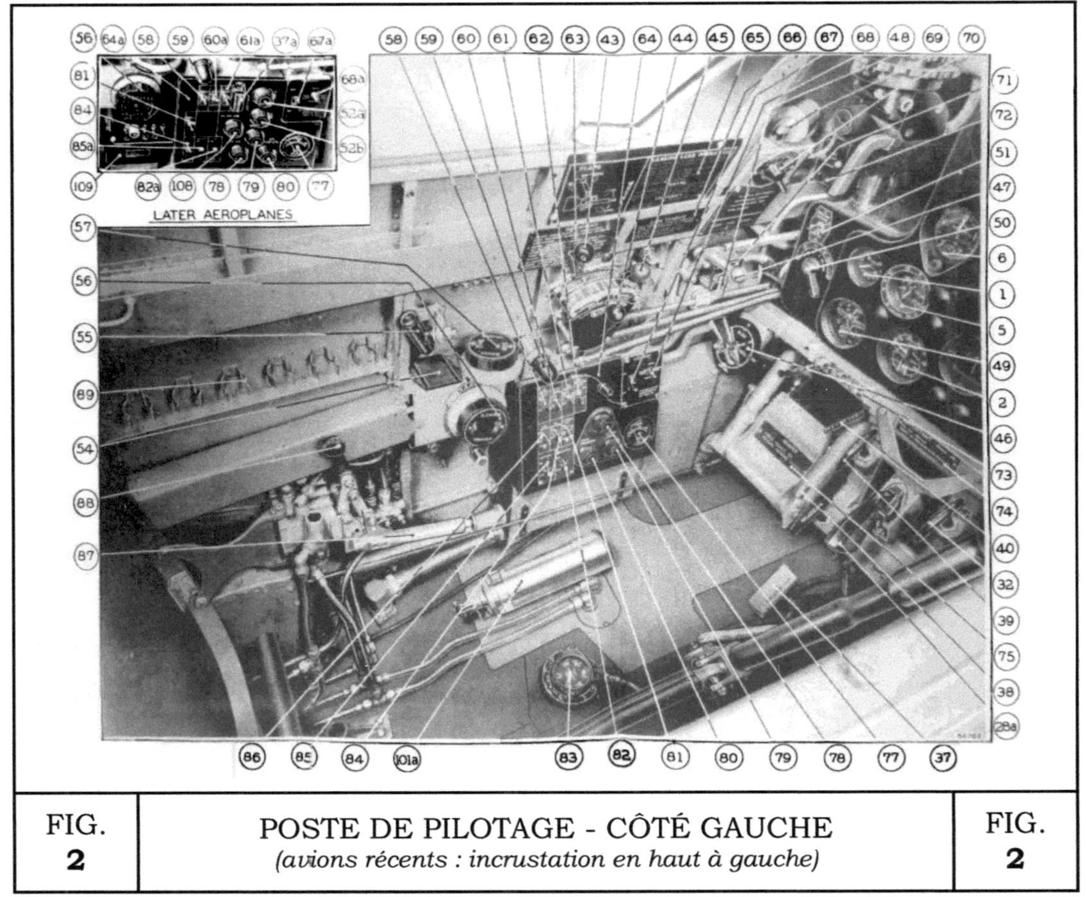

FIG.
2

POSTE DE PILOTAGE - CÔTÉ GAUCHE
(avions récents : incrustation en haut à gauche)

FIG.
2

LÉGENDE DE LA FIGURE 2
Poste de pilotage – côté gauche

1. Manomètre du circuit de vide
2. Jauge triple (pression du carburant, pression et température de l'huile)
5. Jauge du réservoir de carburant de l'arrière du fuselage
6. Altimètre
32. Poignée d'armement (mitrailleuses de l'aile droite)
37. Pédale de démarrage du moteur (premiers avions)
37a. Interrupteur de démarrage du moteur sous une garde (avions récents)
38. Poignée d'ajustement de la pédale gauche du palonnier
39. Poignée d'armement (mitrailleuses de l'aile gauche)
40. Levier de commande du frein de stationnement
43. Manette des gaz
44. Levier de commande de la vitesse de l'hélice
45. Levier de commande du mélange
46. Robinet de sélection du circuit de carburant
47. Poignée d'activation de la pompe manuelle du carburant
48. Levier du silencieux du klaxon d'alarme du train d'atterrissage
49. Indicateur de position des volets et du train d'atterrissage
50. Commutateur de sélection des magnétos
51. Interrupteur d'essai du voyant d'alarme de la température du liquide de refroidissement
52a. Variateur de l'ampoule du viseur à réflexion (premiers avions)
52b. Idem 52a (avions récents)
54. Support de carte de données
55. Lampe d'éclairage du poste de pilotage
56. Commande du compensateur de profondeur
57. Commande du compensateur de direction
58. Commutateur de la lampe du panneau des commandes et de test
59. Lampe d'éclairage du panneau des commandes
60. Interrupteur du réchauffage de la sonde Pitot (premiers avions)
60a. Idem 60 (avions récents)
61. Interrupteur des feux de navigation (premiers avions)
61a. Idem 61 (avions récents)
62. Interrupteur principal de l'ampoule du viseur à réflexion (premiers avions seulement)
63. Plaque de checklist
64. Panneau des commandes électriques (premiers avions).
64a. Idem 64 (avions récents)

65. Plaque d'instructions pour les volets hypersustentateurs et le train d'atterrissage

66. Plaque de synchronisation des armes (supprimée sur les avions récents)

67. Interrupteur de sécurité de la commande d'hélice (premiers avions)

67a. Idem 67 (avions récents)

68. Commutateur de sélection 3-voies de l'hélice (premiers avions).

68a. Idem 68 (avions récents)

69. Voyant d'alarme du train d'atterrissage (premiers avions)

70. Interrupteur de sélection des armes

71. Plaque d'instructions du levier du silencieux du klaxon d'alarme du train d'atterrissage

72. Coupe-circuit du T.R.1133A

73. Plaque d'instructions du chauffage du poste de pilotage

74. Plaque d'instructions de la commande des freins

75. Plaque d'instructions des pédales de freins

77. Ampèremètre

78. Variateur des lampes du tableau de bord et de la jauge du carburant

79. Variateur des lampes du poste de pilotage

80. Variateur des lampes pour le vol sans visibilité

81. Interrupteur du phare d'atterrissage

82. Interrupteur du générateur (premiers avions).

82a. Idem 82 (avions récents)

83. Jauge du carburant – réservoir principal

84. Interrupteur de dilution de l'huile

85. Coupe-circuit de la batterie (premiers avions).

85a. Idem 85 (avions récents)

86. Interrupteur d'essai du klaxon

87. Levier de sélection hydraulique du train d'atterrissage

88. Levier de sélection hydraulique des volets

89. Clips de rangement des cartouches du pistolet lance-fusées

101a. Extincteur (avions récents)

108. Variateur des feux de vol en formation (avions récents seulement)

109. Commande à distance du T.R. 1133A (avions récents seulement)

LÉGENDE DE LA FIGURE 3
Poste de pilotage – côté droit

15. Manomètre de la pression d'admission

18. Compte-tours du moteur

19. Commande de la prise d'air chaud ou froid du carburateur

20. Régulateur et pompe du liquide de dégivrage du pare-brise
22. Montre
23. Thermomètre du liquide de refroidissement
24. Porte-carte de déviation du compas
25. Poignée de commande de la verrière coulissante
26. Détendeur d'oxygène
27. Robinet de purge du manomètre de la pression d'admission
28. Pistolet lance-fusées et rangement (premiers avions)
28a. Idem 28 (avions récents)
29. Pompe manuelle hydraulique de secours
30. Pompe d'amorçage des cylindres
32. Poignée d'armement (mitrailleuses de l'aile droite)
33. Pédale du palonnier (droite)
34. Poignée d'ajustement de la pédale droite du palonnier
35. Jauge du réservoir de carburant de réserve
36. Manche à balai
37. Pédale de démarrage du moteur (premiers avions)
74. Plaque d'instructions de la commande des freins
76. Boitier de commande du dispositif *[pyrotechnique]* d'identification (avions récents seulement)
90. Boutons-poussoir du R.3003 (sous garde articulée, premiers avions)
90a. Idem 90 (avions récents)
91. Interrupteur principal du R.3003 (premiers avions)
91a. Idem 91 (avions récents)
92. Interrupteur principal du T.R.9.D. (premiers avions)
92a. Idem 92 (avions récents)
93. Coupe-circuit principal du transmetteur radio automatique
94. Transmetteur radio automatique (premiers avions)
94a. Idem 94 (avions récents)
95. Commande à distance du poste radio
96. Rangement des prises du T.R.9.D. (pas installé sur certains avions)
97. Emplacement pour la plaque des données du moteur
98. Bouton-poussoir pour la lampe d'identification (premiers avions)
98a. Idem 98 (avions récents)
99. Plaque d'instructions de la commande des volets du radiateur
100. Boitier de connexion (pas installée sur certains avions)
101. Extincteur (premiers avions)
102. Vanne principale de l'oxygène (premiers avions seulement)
103. Prise baïonnette de l'oxygène (premiers avions)
103a. Idem 103 (avions récents)
104. Prise microphone et écouteurs
105. Poignées de largage des fusées d'atterrissage forcé
106. Levier de commande des volets du capot moteur
107. Boite de rangement des cartes

POSTE DE PILOTAGE – CÔTÉ DROIT

FIG. 3

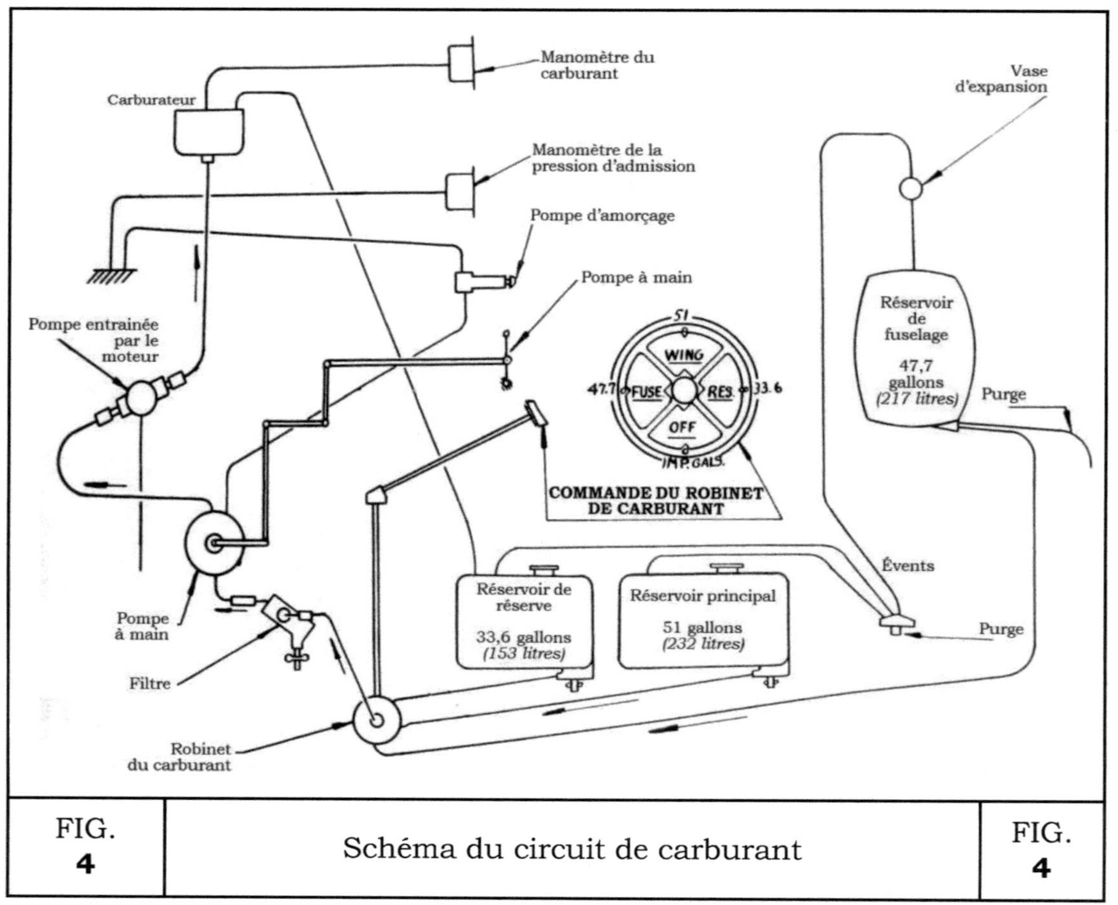

FIG. 4

Schéma du circuit de carburant

FIG. 4

SECTION 2

NOTES DE MANŒUVRE ET DE PILOTAGE POUR LE PILOTE

TABLE DES MATIÈRES [34]

---

[34] Cette table des matières était manquante dans le document original et a été ajoutée ici lors de la traduction.

SECTION 2

NOTES DE MANŒUVRE ET DE PILOTAGE POUR LE PILOTE

Note : La technique de vol décrite dans ces notes est basée sur l'A.P. 129, *Manuel de Formation* Partie 1, chapitre III ; et sur l'A.P. 2095, *Notes Générales pour les Pilotes*. Il convient de toujours se référer à ces Publications si plus d'information spécifique est nécessaire.

1. **CARACTÉRISTIQUES DU MOTEUR** : ALLISON V-1710-C.15.

   (i) <u>Carburant</u> : Essence à indice d'octane 100 seulement.

   <u>Huile</u> : Voir l'A.P.1464/C.37. [35]

   (ii) <u>Les principales limitations du moteur sont les suivantes</u> :

	Tr/min	Pression d'admission en pouces de mercure *(bars)* [36]	Température de l'arrivée d'huile °C	
			Qualité hiver	Qualité été
MAX. pour DÉCOLLAGE JUSQU'À 1.000 pieds *(300 m)*	2.800	41 <u>40</u> *(1,39 <u>1,35</u>)*	-	-
MAX. MONTÉE Limite 30 minutes	2.600	35 *(1,19)*	85	70
MAX. RICHE CONTINU	2.600	35 *(1,19)*	85	70
MAX. PAUVRE CONTINU	2.300	29 *(0,98)*	85	70
"ALL-OUT" (Palier plein gaz) - Limite 5 minutes	3.000	39 <u>40</u> *(1,32 <u>1,35</u>)*	95	75

   Note : Les valeurs soulignées sont les pressions d'admission maximales pour les moteurs équipés de la régulation automatique de la pression d'admission.

---

[35] Air Publication 1464C "*RAF engineering : aero-engines and power-plants*".

[36] Les Américains mesuraient la pression d'admission du moteur en pouces de mercure ABSOLUS (y compris la pression atmosphérique au niveau de la mer). Les Britanniques la mesuraient en livres par pouce carré RELATIVES (après avoir soustrait la pression atmosphérique au niveau de la mer). Les conventions du document d'origine ont été respectées lors de la conversion en bars.
Les Notes à l'intention des Pilotes du Tomahawk comportaient également les pressions d'admission en centimètres de mercure, les autres pressions (par exemple du circuit du carburant) en kg/cm², et les vitesses en km/h car les Tomahawk I commandés par la France et livrés à la RAF étaient équipés d'instruments en unités du Système Métrique.

PRESSION D'HUILE : NORMALE : 60-65 lb./sq.in. [37] *(4 - 4,5 bars)*.
MINIMUM POUR VOL DE CROISIÈRE : 50 lb./sq.in. *(3,5 bars)*.
TEMPÉRATURE MININALES POUR LE DÉCOLLAGE :
HUILE, qualité été : 40°C ; HUILE, qualité hiver : 35°C
LIQUIDE DE REFROIDISSEMENT : 85°C
PRESSION DU CARBURANT : 12-14 lb./sq.in. *(0,83 - 0,97 bars)*.

2. LIMITES DE PILOTAGE

Les vitesses maxima au badin autorisées sont les suivantes :

	m.p.h. [38]	*km/h*
Piqué	450	*725*
Train d'atterrissage sorti	175	*280*
Volets du radiateur complètement ouverts	175	*280*
Phare d'atterrissage abaissé	175	*280*
Volets hypersustentateurs sortis	140	*225*
Largage de fusées éclairantes de type Américain pour l'atterrissage forcé	140	*225*

2a. UTILISATION DU CIRCUIT DU CARBURANT

La tuyauterie de retour des vapeurs du carburateur arrive au réservoir de réserve. Il est donc essentiel, que lorsqu'il est plein *[avant le départ]*, ce réservoir soit utilisé pour le démarrage et le décollage de façon à créer de l'espace pour le carburant renvoyé par la tuyauterie de retour. Le réservoir de fuselage doit être ouvert, et celui de réserve fermé, au début de la montée.

Cependant, si le réservoir de réserve est seulement partiellement rempli, le réservoir de fuselage doit être utilisé pour le démarrage et le décollage.

3. PRÉLIMINAIRES

En entrant dans le poste de pilotage, procédez comme suit :

(i)	Interrupteur de sélection des mitrailleuses	- OFF.
(ii)	Coupe-circuits du générateur et de la batterie	- ON.
(iii)	Interrupteurs de l'hélice	- Principal : ON. Sélecteur : AUTO.
(iv)	Sélecteur du train d'atterrissage	- Au neutre.
(v)	Levier de sélection des volets hypersustentateurs	- Au neutre (vérifiez que l'indicateur montre qu'ils sont relevés).

---

[37] Unité de pression britannique : "livres par pouce carré", laissée ici sous l'abréviation anglaise "lb./sq.in." comme dans les documents traduits à l'époque en français. La valeur convertie en bars a été ajoutée lors de la traduction.

[38] Unité de vitesse britannique : "milles terrestres par heure", laissée ici sous l'abréviation anglaise comme dans les documents traduits à l'époque en français. La valeur convertie en km/h a été ajoutée lors de la traduction.

(vi) Contenu des réservoirs de carburant.

4. **MISE EN ROUTE DU MOTEUR ET MONTÉE EN TEMPÉRATURE**
  (i) Réglez les commandes comme suit :
    (a) Robinet du carburant — Réservoir RESERVE (si plein). Voir Para. 2a.
    (b) Manette des gaz — ½ pouce *(1,3 cm)* ouverte.
    (c) Commande du mélange — IDLE CUT OFF.
    (d) Commande de vitesse de l'hélice — Positionnée pour obtenir 2.800 tr/min.
    (e) Prise d'air du carburateur — Air froid.
    (f) Volets du radiateur — Fermés.

  (ii) Activez la pompe manuelle du carburant pour maintenir une pression de 3 lb./sq.in. *(210 mbar)*.

  (iii) Faites tourner l'hélice à la main sur deux ou trois tours complets.

  (iv) Amorcez le moteur pendant qu'il est en rotation. Un moteur chaud ne nécessitera habituellement pas d'amorçage, alors qu'un moteur froid aura besoin de 3 à 6 coups de pompe en hiver, et de 2 à 4 en été.

  (v) Tournez le commutateur des magnétos sur BOTH ON.

  (vi) Alimentez le démarreur pendant environ 10 secondes (jamais plus de 20) en pressant avec les orteils sur le bas de la pédale du démarreur (ou en enfonçant le commutateur du démarreur).

  (vii) Gardez la main gauche sur la commande du mélange. Embrayez le démarreur en pressant avec les orteils sur le haut de la pédale du démarreur (ou en relevant le commutateur du démarreur).

  (viii) Quand le moteur démarre, déplacez la commande du mélange sur AUTO RICH. Deux ou trois coups avec la pompe à main devraient aider à garder le moteur en fonctionnement. Si le moteur ne fonctionne pas de façon régulière ou s'il montre des symptômes d'être sur-amorcé (noyage), arrêtez d'utiliser la pompe manuelle et ramenez momentanément la commande du mélange sur IDLE CUT OFF jusqu'à ce que le moteur reparte.

  (ix) Si le moteur ne démarre pas ou si l'on a des raisons de penser qu'il a été sur-amorcé, éteignez les magnétos (OFF), placez la commande du mélange sur IDLE CUT OFF, ouvrez la manette des gaz en grand et faites tourner le moteur à la main sur plusieurs tours complets. Ensuite répétez les opérations décrites ci-dessus.

  (x) Laissez monter le moteur en température à un ralenti rapide (1.000 - 1.200 tr/min), sans excéder 1.400 tr/min, jusqu'à ce que la température d'arrivée d'huile dépasse 40°C et que la pression d'huile se stabilise sans dépasser 80 lb./sq.in *(5,5 bars)*.

5. VÉRIFICATION DU MOTEUR ET DES SYSTÈMES

Note : Durant le point fixe, il faut que deux hommes soient sur l'empennage.

(i) Pendant la montée en température, effectuez les contrôles habituels des températures, des pressions et le bon fonctionnement des commandes de pilotage et des volets hypersustentateurs.

(ii) Ouvrez la purge du manomètre de la pression d'admission pendant 30 secondes, puis vérifiez qu'elle est complètement fermée. Si ceci n'est pas fait correctement, le manomètre peut ne pas donner des valeurs fiables.

(iii) Après la montée en température, ouvrez la manette des gaz jusqu'à une pression d'admission nulle et vérifiez le bon fonctionnement de l'hélice.

(iv) Testez chaque magnéto à tour de rôle à 1.800 tr/min, et s'il n'y a aucun signe de fonctionnement irrégulier, recommencez le test à 2.200 tr/min.

(v) Assurez-vous que le générateur charge. Vérifiez l'ampèremètre.

(vi) (a) <u>Avions sans régulation automatique de la pression d'admission</u> :

Ouvrez momentanément la manette des gaz à la butée de décollage et vérifiez que la pression d'admission est un petit peu moins que le maximum autorisé pour le décollage.

(b) <u>Avec la régulation automatique de la pression d'admission</u> : Ouvrez en grand la manette des gaz et vérifiez que la pression d'admission de décollage est obtenue.

6. ROULAGE AU SOL

Surveillez la température du radiateur et ouvrez les volets du capot moteur si nécessaire.

7. PRÉPARATION FINALE POUR LE DÉCOLLAGE

Le déroulé des Actions Vitales est le suivant : [39]

T = Trimming Tabs = Réglage des compensateurs	Profondeur : au neutre. Direction : deux divisions à droite.
M = Mixture = mélange	AUTO RICH.
P = Pitch = Pas d'hélice	Levier de commande réglé pour obtenir 2.800 tr/min. Coupe-circuit de la batterie fermé (ON), interrupteur principal de l'hélice fermé (ON), interrupteur de sélection sur AUTO.
Carburant	Sur le réservoir RESERVE (si plein, voir Paragraphe 2a). Vérifiez le contenu des réservoirs.

---

[39] Les points essentiels des check-lists étaient présentés sous la forme de raccourcis mnémotechniques que les pilotes devaient apprendre par cœur et qui variaient peu d'un avion à l'autre : par exemple pour le Dakota I, III ou IV : TMPFF ; pour le Halifax II ou V : TPFF.

Volets hypersustentateurs	Relevés.
Volets du radiateur	Entre NEUTRAL et OPEN en fonction de la température du radiateur.

8. **DÉCOLLAGE**

  (i) Tant que la régulation automatique de la pression d'admission n'est pas installée, ouvrez lentement la manette des gaz jusqu'à ce que le manomètre de la pression d'admission indique +4 lb./sq.in. *(275 mbar)*. Avec ce réglage de la manette des gaz, la pression d'admission va augmenter jusqu'à +5,75 lb./sq.in. *(396 mbar)* pendant la course du décollage. Il faut surveiller les indications du manomètre de la pression d'admission.

  (ii) Un peu de palonnier à droite sera nécessaire. Gardez les orteils éloignés des pédales de freinage.

  (iii) Le train d'atterrissage prend environ 30 à 40 secondes pour se rétracter et le bouton poussoir doit être gardé enfoncé jusqu'à ce que l'opération soit terminée.

  (iv) Augmentez la vitesse à 140 m.p.h. *(225 km/h)* au badin.

  (v) Dès que les indicateurs du train d'atterrissage montrent que les trois roues sont relevées, vérifiez le verrouillage en essayant d'activer la pompe hydraulique manuelle : la résistance doit être telle qu'elle apparaît bloquée. Ramenez ensuite le sélecteur sur la position neutre. Ceci est important car il risque de se coincer sur la position UP, s'il est laissé sur UP.

9. **MONTÉE**

  (i) La vitesse pour le taux de montée maximal est de 140 m.p.h. *(225 km/h)* au badin jusqu'à 12.000 pieds *(3.660 m)* ; au-dessus de cette altitude réduisez la vitesse de 2 m.p.h. *(3 km/h)* par tranches de 2.000 pieds *(610 m)*.

  (ii) Surveillez la température du radiateur d'huile et réglez les volets du capot moteur pour garder la température entre 90 et 100°C.

  (iii) Se reporter au Paragraphe 2a.

10. **PILOTAGE GÉNÉRAL**

  (i) <u>Stabilité</u> : Aux charges normales, l'avion est stable sur les trois axes, mais il devient instable longitudinalement si le C.G. [40] est reculé de façon excessive en utilisant les réservoirs dans un ordre incorrect, c'est-à-dire les réservoirs au niveau de la jonction des ailes gauche et droite avant le réservoir de fuselage. L'ouverture en vol de la verrière du poste de pilotage produit pour l'avion une tendance à piquer et à partir en

---

[40] C.G. = Centre de Gravité. Le diagramme de chargement et de C.G. se trouve généralement dans le manuel de maintenance (Volume I, section 4).

lacet vers la droite ; la stabilité directionnelle est meilleure avec la verrière fermée. Il faut s'en souvenir lors du pilotage sans visibilité. Des changements de la vitesse ou de l'ouverture de la manette des gaz causent des variations considérables de l'équilibrage directionnel ; elles doivent être neutralisées en ajustant le compensateur de direction.

   (ii) Changements d'assiette :

   Train d'atterrissage abaissé — Tendance à piquer

   Volets hypersustentateurs abaissés — Tendance à piquer.

   (iii) La vitesse recommandée pour la distance franchissable maximale est 160 m.p.h. *(260 km/h)* au badin.

11. PERTE DE VITESSE – DÉCROCHAGE

   (i) Habituellement une aile tombe brusquement lors du décrochage quand les volets hypersustentateurs sont abaissés. La récupération est normale.

   (ii) Vitesses de décrochage :

Train d'atterrissage et volets hypersustentateurs rétractés	86 m.p.h. *(138 km/h)* au badin
Train d'atterrissage et volets hypersustentateurs abaissés	76 m.p.h. *(122 km/h)* au badin

12. VRILLE

La mise en vrille n'est pas autorisée.

13. PIQUÉ

   (i) Quand la vitesse augmente, il y a une tendance de plus en plus forte à partir en lacet vers la droite, qui peut être corrigée avec le compensateur de direction.

   (ii) Si la régulation automatique de la pression d'admission n'est pas installée, la pression d'admission augmentera rapidement avec la perte d'altitude, et le manomètre de la pression d'admission doit être surveillé.

14. VOLTIGE

   Note : Le vol inversé, de quelque durée que ce soit, doit être évité, car il entraînera une chute de la pression d'huile et des dommages au moteur.

   Les vitesses suivantes sont recommandées :

   (i) Boucle : 250 m.p.h. *(402 km/h)* au badin ou plus. Du palonnier à droite est nécessaire pour rester en ligne droite au sommet.

   (ii) Immelmann : 300 m.p.h. *(483 km/h)* au badin ou plus.

   (iii) Tonneau lent : 200 m.p.h. *(322 km/h)* au badin.

   (iv) Tonneau en montée : de 350 m.p.h. *(563 km/h)* au badin à la vitesse maximale autorisée.

15. **APPROCHE ET ATTERRISSAGE**

(i) La vision du Pilote est grandement améliorée quand le siège est légèrement relevé avant l'atterrissage.

(ii) Vérifiez que l'interrupteur de sélection des mitrailleuses est ouvert (OFF).

(iii) Réduisez la vitesse à 140 m.p.h. *(225 km/h)* au badin, et exécutez le Déroulé des Actions Vitales : "U.M.P. et volets hypersustentateurs". (Accordez suffisamment de temps car le fonctionnement du train d'atterrissage est lent).

U = Undercarriage = train d'atterrissage	Abaissé (abaissez le levier de sélection et enfoncez le bouton jusqu'à ce que l'indicateur montre que le train est descendu. Vérifiez le verrouillage en activant la pompe manuelle jusqu'à ce qu'elle soit bloquée, puis ramenez le levier de sélection au neutre. Ramenez momentanément la manette des gaz en arrière et vérifiez que le voyant rouge ne s'allume pas et que le klaxon ne se fait pas entendre).
M = Mixture = mélange	AUTO RICH
P = Pitch = pas d'hélice	Levier de commande réglé pour 2.800 tr/min. Coupe-circuit de la batterie fermé (ON), interrupteur principal fermé (ON), interrupteur de sélection sur AUTO.
Volets hypersustentateurs	Complètement abaissés.

(iv) <u>Vitesses correctes pour l'approche</u> :
  (a) Approche au moteur :   95 m.p.h. *(150 km/h)* au badin.
  (b) Approche en vol plané : 105 m.p.h. *(170 km/h)* au badin.
  <u>Note</u> : Lors de l'atterrissage vérifiez que les orteils sont éloignés des pédales de freinage.

(v) Si l'avion exécute le palier de décélération trop haut, il faut faire attention de ne pas tirer sur le manche à balai soudainement lorsque l'avion commence à s'enfoncer, car ceci pourrait amener une aile à se laisser tomber.

(vi) Si les réservoirs de fuselage et de l'arrière des ailes ont été vidés, il pourra être difficile d'abaisser correctement l'empennage et les freins ne doivent pas être appliqués trop brutalement.

(vii) Une glissade en douceur sur le côté est exécutable, mais il n'y a pas assez de contrôle au palonnier pour garder le nez de l'avion vers le haut lors d'une glissade très inclinée.

(viii) Notez que dans une attitude cabrée, le nez semble être anormalement haut et le palonnier s'avère lourd à l'utilisation.

16. **ATTERRISSAGE MANQUÉ**

(i) Ouvrez la manette des gaz avec précaution pour éviter de passer le moteur en survitesse, car le changement du pas de l'hélice est lent. <u>N'excédez pas une pression d'admission de +5,75 lb./sq.in.</u> *(396 mbar)*.

(ii) Relevez le train d'atterrissage dès que possible.

(iii) Montez à environ 110 m.p.h. *(175 km/h)* au badin jusqu'à une altitude de sécurité d'au moins 300-400 pieds *(90-120 m)* puis relevez les volets hypersustentateurs. Il n'y aura pas d'enfoncement détectable à 110 m.p.h. *(175 km/h)*.

17. **APRÈS L'ATTERRISSAGE**

(i) Remontez les volets hypersustentateurs et ouvrez les volets du radiateur avant le roulage au sol.

(ii) Pour arrêter le moteur :

Fermez la manette des gaz et déplacez la commande du mélange sur IDLE CUT OFF.

(iii) Quand le moteur s'est arrêté :

(a) Fermez le robinet du carburant et ouvrez (OFF) l'interrupteur des magnétos.

(b) Ouvrez (OFF) tous les interrupteurs électriques.

18. **PANNE DU MOTEUR DURANT LE DÉCOLLAGE**

(i) Commencez à relever le train d'atterrissage. En général la roulette de queue se relève la première, puis une jambe se relève à mi-chemin avant que l'autre ne se déverrouille. Il est donc souhaitable de relever le train d'atterrissage avant de commencer à abaisser les volets hypersustentateurs. L'opération peut être accélérée en utilisant la pompe à main en même temps que la pompe électrique.

(ii) S'il y a le temps, abaissez complètement les volets hypersustentateurs.

(iii) Placez la commande du mélange sur IDLE CUT OFF et ouvrez (OFF) l'interrupteur des magnétos.

(iv) Atterrissez droit devant.

19. **OPÉRATION DE SECOURS DU TRAIN D'ATTERRISSAGE ET DES VOLETS HYPERSUSTENTATEURS**

Si la pompe électrique tombe en panne, la pompe manuelle peut être utilisée après avoir sélectionné le mouvement requis avec le levier de sélection du train d'atterrissage ou celui des volets hypersustentateurs. Pour relever ou abaisser le train d'atterrissage, environ 120 double-coups de pompe sont nécessaires.

20. **CAPACITÉS ET CONSOMMATIONS DE CARBURANT ET D'HUILE**

(i) <u>Capacités d'emport de carburant</u> : [41]

Réservoir de fuselage	:	47 gallons *[Impériaux] (217 litres)*
Réservoir principal d'aile	:	50 gallons *[Impériaux] (232 litres)*
Réservoir de réserve d'aile	:	<u>33 gallons *[Impériaux] (153 litres)*</u>
Capacité totale utile	:	130 gallons *[Impériaux] (591 litres)*

(ii) <u>Capacité d'emport d'huile</u> : 12 gallons *[Impériaux] (55 litres)*.

(iii) <u>Consommations approximatives de carburant</u> :

		Tr/min	Pression d'admission en lb./sq.in. [42] *(mbar)*	Gallons par heure	*Litres par heure*
Montée		2.600	+2,75 *(190)*	84	*382*
CROISIÈRE	Mélange riche	2.600	+2,75 *(190)*	84	*382*
	Mélange pauvre	2.300	-0,25 *(-17)*	50	*227*
	Mélange pauvre	1.900	-2,5 *(-172)*	38	*173*
	Mélange pauvre	1.800	-5 *(-345)*	32	*146*

21. **TABLEAU DES ERREURS DE POSITION**

Les corrections d'erreur de position sont les suivantes :

De	100	140	180	220	260	m.p.h. au badin
À	140	180	220	260	300	m.p.h. au badin
Ajoutez	4	6	8	10	12	m.p.h.

Tableau ci-dessus converti en unités métriques :

De	161	225	290	354	418	km/h au badin
À	225	290	354	418	483	km/h au badin
Ajoutez	6,4	9,7	13	16	19	km/h

---

[41] Les valeurs en gallons Impériaux étaient arrondies dans le document original. Les valeurs converties en litres ont été alignées avec les chiffres plus précis de la Figure 4, sauf pour la capacité totale utile.

[42] On notera que la pression d'admission est mentionnée ici en livres par pouce carré RELATIVES (tableau publié par la Révision n°6) alors que le Paragraphe 1 (tableau publié par la Révision n°7) la donne en pouces de mercure ABSOLUS.

BIBLIOGRAPHIE SOMMAIRE SUR LE TOMAHAWK ET LES FORCES AÉRIENNES TACTIQUES DE LA RAF

Il y a de nombreux ouvrages consacrés au Curtiss P-40. Quelques exemples sont listés ci-après. Un commentaire en italique donne quelques impressions de lecture.

BAUGHEN, Greg :
- **RAF On the offensive : The rebirth of Tactical Air Power.** Air World. 2018. ISBN 978-1526735157. *Un très bon livre qui se lit presque comme un roman. Cet Auteur a publié plusieurs livres retraçant l'histoire de la RAF de façon rigoureuse.*
- **The RAF's road to D-Day : The struggle to exploit Air Superiority, 1943-1944.** Air World. 2023. ISBN 978-1399051804.

BOWERS, Peter M.. **Curtiss aircraft 1907-1947**. Putnam Aeronautical. 1987. ISBN 978-0851778112.

BRYN, Evans. **Decisive campaigns of the Desert Air Force 1942-1945.** Pen & Sword. 2014. ISBN 978-1783462605.

COOLING, Benjamin Franklin. **Case studies in the development of close air support. Office of Air Force History**. 1990. ISBN 978-0912799643. *L'histoire des missions tactiques du côté américain.*

DELVE, Ken. **The Desert Air Force in World War II: Air Power in the Western Desert, 1940-1942**. Pen & Sword. 2020. ISBN 978-1844158171. *Très bon livre.*

DOYLE, David. **Curtiss P-40 Warhawk : The famous Flying Tigers fighter**. Schiffer Publishing. 2017. ISBN 978-0764354328

HARKINS, Hugh. **Tomahawk I/II Combat Log: European Theatre 1941-42**. Centurion Publishing. 2014. ISBN 978-1903630495.

MEEKCOMS, K. J. **British Air Commission & Lend Lease**. Air Britain. 2000. ISBN 978-0851302911. *Un livre de référence indispensable (mais il ne faut pas s'attendre à y trouver des récits palpitants).*

ORANGE, Vincent. **Coningham: A biography of Air Marshal Sir Arthur Coningham**. Methuen Publishing. 1990. ISBN 978-0413145802. *Une très intéressante biographie sur le "père" de la Desert Air Force.*

PENTLAND, Geoffrey. **P-40 Kittyhawk in Service**. 1976. ISBN 978-0858800120.

POWELL, Matthew. **The development of British Tactical Air Power, 1940-1943 : A history of Army Co-operation Command.** Palgrave Macmillan. 2016. ISBN 978-1137544162. *Un livre très académique reprenant l'évolution lente de la RAF pour s'adapter, à contre-cœur, aux missions tactiques d'appui à l'Armée de Terre.*

SHORES, Christopher et THOMAS, Chris. **2nd Tactical Air Force :**
- **Volume 1 : Spartan to Normandy - June 1943 to June 1944.** Classic Publications. 2004. ISBN 978-1903223406. *Un livre très complet sur la 2ème Force Aérienne Tactique, son organisation et ses combats.*

- **Volume 2 : Breakout to Bodenplatte - July 1944 to January 1945**. Classic Publications. 2005. ISBN 978-1903223413.

SHORES. **A history of the Mediterranean Air War**. Grub Street. *Les références sur les efforts de la Desert Air Force (puis 1ère Force Aérienne Tactique).*
- **1 : North Africa, June 1940 - January 1942**. 2012. ISBN 978-1908117076.
- **2 : North African Desert, Feb. 42 - March 43**. 2014. ISBN 978-1909166127.
- **3 : Tunisia and the end in Africa, Nov. 1942-May 1943**. 2016. ISBN 978-1910690000.
- **4 : Sicily and Italy to the fall of Rome 14 May, 1943 - 5 June, 1944**. 2018. ISBN 978-1911621102.
- **5 : From the fall of Rome to the end of the war 1944-1945**. 2021. ISBN 978-1911621973.

TOWNSHEND BICKERS, Richard. **The Desert Air War, 1939-45**. Pen & Sword. 1991. ISBN 978-0850522167.

QUELQUES TITRES DE CETTE SÉRIE

Utilisation principale	Avion
Formation	Tiger Moth II ; Harvard III (AT-6)
Chasseur et **chasseur-bombardier**	Spitfire I ; Spitfire F.IX, PR.XI & LFXVI Mosquito FII, NF: XII, XIII, XVII & XIX Havoc II (A-20) ; Typhoon IAB Airacobra I (P-39) ; Mohawk IV (P-36) Tomahawk I & II (P-40) ; Thunderbolt I & II (P-47) ; Beaufigther VI, TFX & TFXI Hurricane I et Sea Hurricane I ; Mustang III & IV (P-51) ; Meteor III ; Vampire F1
Bombardement	Lancaster I, III, X ; Halifax II & V ; Mitchell II (B-25) Fortress GRIIA, GRII & III, BII &III (B-17)
Planeur de combat ou **transport de parachutistes**	Dakota I, III & IV (C-47) ; Hadrian I (CG-4A) ; Hamilcar I ; Horsa I & II
Aéronavale et **surveillance maritime**	Corsair I à IV (F4U, F3A & FG-1) Hellcat I & II (F6F) ; Swordfish I à IV Martlet II & III (F4F Wildcat) ; Avenger I, II & III (TBF & TBM) ; Catalina I, IB, II & IV (PBY) ; Wellington III & X
Missions secrètes	Lysander III & IIIA